FLEURS DE DEUIL

FLEURS DE DEUIL

E. RAMBERT

FLEURS DE DEUIL

MUSIQUE DE G. DORET

DESSINS DE E. VULLIEMIN

PARIS
ALBERT POULIN, Éditeur
7, rue de l'Isly, 7

LAUSANNE
F. ROUGE, Libraire
4, rue Haldimand, 4

1893

Éloigne-toi, critique altière;
Voici le seuil du cimetière.
De mon foyer, voici le seuil.

Ces pleurs versés à la veillée,
Ces chants d'une âme travaillée,
Je les confie aux cœurs en deuil.

I

« Il ne faut pas tarder à faire son portrait,
Afin que nous puissions conserver trait pour trait
Le vivant souvenir de cette tête blonde,
Car il n'est pas d'enfant plus gracieux au monde. »
C'était l'hiver dernier que nous parlions ainsi.
On tarda cependant. L'hiver est sombre ici.
Il faut poser longtemps, trop longtemps pour son âge,
Quand le ciel, triste et bas, n'est qu'un pesant nuage.
De retard en retard, il mourut. Son portrait
Reste à faire.
Or, un soir que sa mère en pleurait,
Je lui dis : « Ne crains rien, je puis le faire encore. »
Toute la nuit durant j'y songeai. Quand l'aurore

Éclaira nos vitraux de son premier rayon,
Accoudé sur mon lit, je traçais au crayon
Quelques vers ébauchés, enfants de l'insomnie,
Plus vrais, plus éloquents que riches d'harmonie;
Puis j'écrivis en marge un titre : « Fleurs de deuil. »
Ainsi fut commencé ce funèbre recueil,
Dont tous les vers sont nés dans l'angoisse et le doute.
C'est ma vie et mon sang qui s'en vont goutte à goutte.
A la Muse cent fois j'ai voulu m'arracher;
Quand je l'entends venir je cherche où me cacher ;
Mais bientôt retentit sa voix inspiratrice,
Et comme un criminel je marche à mon supplice.

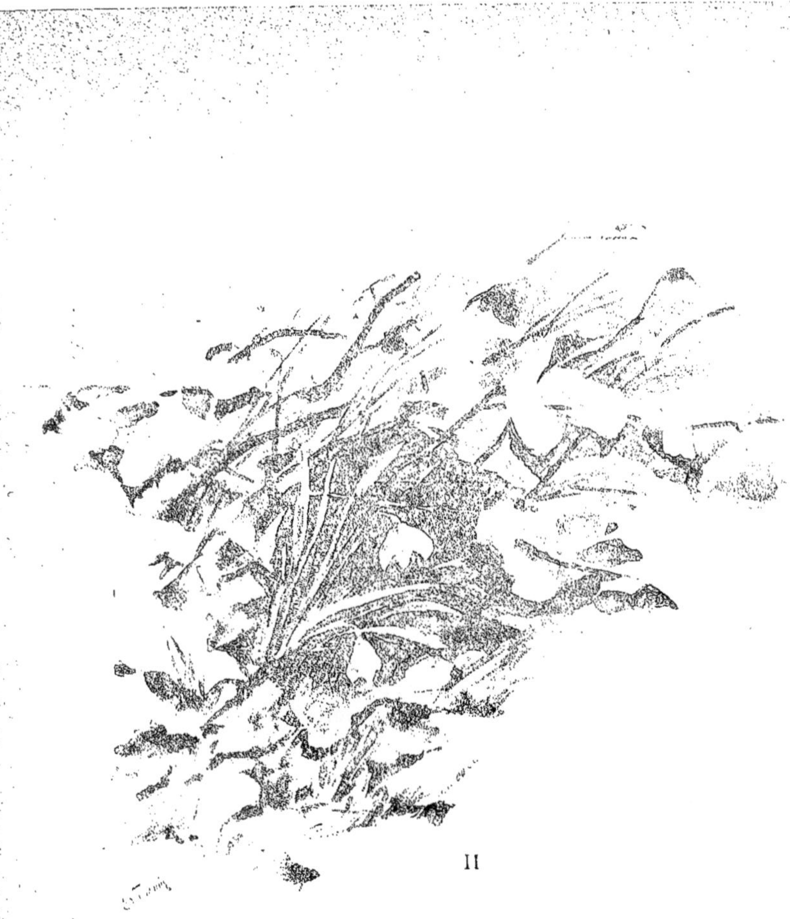

II

DERNIER SOUVENIR

Vers la fin de novembre il naquit un dimanche,
Chétif et souffreteux comme une fleur d'hiver ;
Pauvre corps effilé, teint pâle, lèvre blanche...
Il avait cependant l'œil vif et bien ouvert.

Et les femmes disaient en le voyant si frêle :
« Hélas ! cet enfant-là ne vivra pas longtemps ! »
Mais la mère, vaillante, à son poste fidèle,
Rêvait déjà pour lui les beaux jours du printemps.

« Car les enfants chétifs deviennent forts, dit-elle,
Et grandissent aussi, sous le regard de Dieu,
Moyennant les doux soins de la main maternelle,
Et la vie au grand air, libre sous le ciel bleu. »

Une crise survint, terrible, inattendue.
— Pourquoi tant de périls dans la maternité ? —
Elle fut tout l'hiver sur sa couche étendue,
Sans force, condamnée à l'immobilité.

Au chevet d'un enfant voir des mains mercenaires,
Une mère d'emprunt au zèle inattentif;
Se faire à tous propos des soucis, des chimères,
Car plus l'amour est tendre et plus il est craintif;

Laisser tarir en soi la source maternelle
De ce lait pur et doux créé pour le nourrir ;
Sans pouvoir lui répondre, entendre qu'il appelle ;
Au moindre accès de pleurs songer qu'il peut mourir ;

Pour le réconforter n'avoir que la prière ;
C'est un supplice étrange aux mères réservé...
Il vécut cependant. La saison meurtrière
S'écoulait. Au printemps chacun le crut sauvé.

On lui trouvait encore assez frêle apparence ;
Mais déjà sur sa joue un léger ton vermeil
Embellissait du teint la pâle transparence ;
Ayant bon appétit, il avait bon sommeil.

L'histoire des enfants a sa monotonie :
Chacun, de ses dix doigts, fait un premier jouet,
Puis vient un pied dodu qu'on mord et qu'on manie,
Ensuite la maman achète le hochet ;

Ils ont même plaisir à contempler le monde
En se faisant rouler dans leur voiture à bras,
A suivre du regard le chien qui vagabonde,
Ou la vache qui broute, au loin, dans les prés gras ;

Ils aiment ce qui chante et surtout ce qui brille;
Ils ont l'oreille ouverte, écoutant tour à tour,
Graves, un doigt levé, l'oiseau dans la charmille
Et la cloche du soir qui tinte dans sa tour.

Leurs grands yeux innocents vont chercher la lumière,
Pareils au papillon que la flamme séduit;
Ils pourraient converser pendant une heure entière
Avec les feux lointains qui s'allument, la nuit.

Mais tout n'est pas prévu dans leur vie enfantine;
Le caractère existe, il se trahit déjà.
La mère, qui voit tout, le surprend, le devine;
Ils sont nés de la veille et déjà l'homme est là.

Le nôtre s'éveillait plus tôt que l'alouette,
Comme elle insouciant, joyeux et babillard,
Et puis il gazouillait tout seul dans sa couchette,
Trouvant très singulier qu'on pût dormir si tard.

Il avait l'œil espiègle, et son intelligence,
Jeune et divine fleur prête à s'épanouir,
Par des progrès soudains révélait sa puissance;
Puis il se reposait comme pour en jouir.

On dit que c'est ainsi que le génie invente,
Qu'il voit briller le but et l'atteint sans broncher,
Que l'idée en son sein jaillit impatiente...
Voici comment un jour il apprit à marcher :

Après s'être traîné selon son habitude,
Après avoir poussé des chaises devant soi,
Le matin de Noël, dans ma chambre d'étude,
Il se trouva debout, le dos à la paroi;

Donc la chambre était là, sous ses yeux, grande et vide :
Point d'appui, point de meuble. Il s'y lança pourtant,
De ses deux petits pieds trottillant dans le vide,
Trouvant l'arène ouverte et s'y précipitant.

Au milieu du voyage, il s'étonne, il s'arrête;
Les bras en balancier, il rit de tout son cœur...
Il n'avait pas encore rêvé pareille fête ;
C'était l'orgueil naïf, l'ivresse du vainqueur.

Puis il reprend sa course et s'en va, d'une haleine,
L'espace traversé, toucher à l'autre bord.
O gloire ! ô volupté ! La coupe était trop pleine !..
Il s'en fallut de peu qu'il ne bronchât au port.

Ce fut le grand exploit de cette fin d'année.
Dans sa petite histoire, il eut dès ce moment
Son titre glorieux, sa date, sa journée.
Longtemps on s'entretint de cet événement.

L'hiver s'annonçait bien, il finit mieux encore.
De semaine en semaine on le vit prospérer ;
Il avait d'un lutin la voix fraîche et sonore,
Et sa mère pouvait l'embrasser sans pleurer.

De la brise d'avril on sait les perfidies ;
Des pays du soleil elle nous vint un jour,
Semant sur son chemin parfums et maladies.
Les enfants du quartier furent pris tour à tour.

C'était la coqueluche et sa toux âpre et dure,
Un supplice gratuit, inventé par l'enfer.
Seigneur, qu'a-t-elle fait, la pauvre créature
Qui râle et se débat entre ses mains de fer ?

Il eut aussi son tour. Il devint triste et blême ;
Son corps se flétrissait à force de maigrir ;
Ce n'était plus qu'un souffle, une ombre de lui-même,
Et nous, nous étions là, le regardant souffrir.

On mit à le soigner tout l'art imaginable ;
On crut, en changeant d'air, hâter la guérison ;
Mais cette maladie est la plus intraitable,
Elle a son cours fatal et n'entend pas raison.

Elle dura trois mois, trois longs mois de souffrance ;
Enfin, de guerre lasse, elle parut céder.
Dans les yeux maternels rayonna l'espérance;
La nature est puissante, il ne faut que l'aider.

O jeunesse du sang, force mystérieuse !
Tes secrets, pour guérir, sont encore les meilleurs !
Quand le cœur est léger, l'âme pure et joyeuse,
Un jour peut réparer le mal qu'ont fait plusieurs.

L'automne le revit beau comme un petit ange,
Entre ses doigts mignons pressant les raisins mûrs.
Avec les vignerons il faisait la vendange,
Comme eux, de vigne en vigne, escaladant les murs.

La veille de Noël on lui fit grande fête.
Depuis longtemps déjà la mère y travaillait ;
Le jour, elle arrangeait les choses dans sa tête,
Et, pour les préparer, la nuit, elle veillait.

Une chambre à l'écart recélait ce mystère ;
Au centre, sur la table, un sapin s'élançait,
Dont les rameaux chargés retombaient sur la terre ;
Sous le poids des bonbons l'arbre se balançait.

D'innombrables cadeaux meublaient la chambre nue.
Des parents, des amis, invités pour le soir,
Avaient joyeusement payé leur bienvenue ;
Et, tous ayant donné, tous devaient recevoir.

Surtout on admirait la grâce naturelle
D'un cheval si fougueux qu'on l'aurait cru vivant :
C'était un gampyros, ainsi qu'on les appelle,
Sur deux vastes cerceaux lancé, crinière au vent.

Enfin l'heure a sonné. Voici la porte ouverte.
La chambre est envahie, et l'arbre chamarré
Laisse à tous les regards flotter sa robe verte,
Aussi riche de feux que le ciel azuré.

Et lui, le plus petit, il tend ses mains avides ;
Bonbons, perles, joujoux : il veut tout à la fois.
Comme deux diamants brillaient ses yeux limpides,
Et son cœur bondissait comme la biche aux bois.

Mais quand il aperçut la cavale fringante,
Cette longue crinière et ce triple galop,
Il eut un cri soudain d'ivresse débordante,
Et depuis ce moment le reste fut de trop.

Tous les anciens joujoux pâlirent devant elle ;
Ce fut son bien, sa chose ; elle était toute à lui.
Ecartant frère et sœur, il faisait sentinelle ;
Le jour, il en jeûnait ; il en rêvait la nuit.

Pourtant il avait peur de son galop sauvage ;
Il ne se sentait pas de force à la dompter,
On essayait en vain d'enflammer son courage,
Il l'embrassait toujours et n'osait pas monter.

Mais voici qu'un matin nous le trouvons en selle,
La cavale, sous lui, lancée à fond de train ;
En arrière, en avant, il bondit avec elle,
Solide, l'œil ardent, le front haut et serein.

On accourt, il redouble ; il sait bien qu'on l'admire.
Jamais triomphateur n'eut l'air plus sérieux...
Cet exploit fit du bruit, et nul ne saurait dire
De la mère ou du fils qui fut plus glorieux.

C'est ainsi qu'il croissait, en grâce, en assurance,
Notre petit agneau, perdu, puis retrouvé ;
On ne se souvenait de sa première enfance
Que pour remercier Dieu qui l'avait sauvé.

Et les voisins disaient, le voyant tête nue :
« Cet enfant si joyeux et si leste aujourd'hui,
Est-ce lui, ce printemps, qui toussait dans la rue ? »
La mère répondait, toute fière : « C'est lui. »

La fraîcheur de sa joue, à la fois blanche et rose,
Irrésistiblement appelait le baiser ;
Ainsi dans les buissons lorsque fleurit la rose,
Le papillon charmé descend pour s'y poser.

Avec ses cheveux blonds, bouclés par la nature,
La brise paresseuse aimait à folâtrer.
Des amours d'autrefois c'était la chevelure...
Un jour qu'on la coupait, j'en ai failli pleurer.

Il est, au firmament, des étoiles jumelles
Dont le rayon tremblant est d'un éclat si doux
Qu'en les voyant s'aimer aux voûtes éternelles
Les amants d'ici-bas en deviennent jaloux :

Comme elles, ses grands yeux brillaient sous leur paupière.
Raphaël a rêvé des yeux de chérubin
Qui rayonnent encor de la même lumière ;
Il avait cependant le regard plus malin.

Comme il était heureux, mangeant seul à sa table,
La bouche enfarinée et trouvant chaque jour
De sa soupe au gruau le goût plus délectable !...
L'écuelle était profonde et vaste en son pourtour ;

Mais chaque portion d'une autre était suivie.
Il joignait les deux mains et nous disait : « Encor ! »
Encor ! Toujours encore ! Et sa mère, ravie,
Riait et remplissait l'écuelle jusqu'au bord.

Hélas ! tout cet éclat de vie et de jeunesse
N'était qu'une ironie, un mensonge vivant.
Il fallait à la mort cette façon traîtresse
Pour plonger en nos cœurs son glaive plus avant.

Sur ce front large et pur, si riche d'espérance,
Sa main s'était posée, on ignore comment.
Dans l'ombre, elle était là, travaillant en silence,
Ayant compté les jours, sûre de son moment.

Il advint, un matin, que, la tête inclinée,
Morose, il descendit de son cheval de bois ;
Il n'y remonta pas de toute la journée ;
Pourtant il l'embrassait, en passant, chaque fois.

A son plus cher joujou ce fut l'adieu suprême.
Une semaine encore on le vit se traîner,
Sans se plaindre, sans bruit, s'affaissant sur lui-même,
Comme on voit au soleil les roses se faner.

Les médecins parlaient de crise passagère ;
C'était quelque catarrhe, enfant de la saison.
« Le mal est plus profond, » leur répétait la mère.
A la fin le docteur me dit : « Elle a raison.

Le mal est au cerveau. » Je n'y voulais pas croire ;
Alors il entassa des mots de grand savoir.
Le dernier, le plus clair, resta dans ma mémoire :
« C'est une maladie aiguë et sans espoir. »

Le reste ne fut plus qu'une lente agonie.
En vain, à son chevet, Dieu nous a vus prier...
Arrêtons-nous ici. Son histoire est finie...
La date de sa mort est le deux février.

Le temps passe ; les mois vont fuyant d'un coup d'aile,
Et les consolateurs ne nous ont pas manqué.
Sur la fosse entr'ouverte une voix solennelle
A dit : « C'est pour le ciel que Dieu l'avait marqué. »

Bien d'autres sont venus, tenant même langage ;
Mais, comme au premier jour, je le cherche ici-bas.
Dans le fond de mon cœur toujours gronde l'orage...
Seigneur, ce que tu fais, je ne le comprends pas !

III

LES JONCHETS

C'était le mercredi qui précéda sa mort.
Il ne respirait plus qu'avec un long effort ;
Sur un meuble, à l'écart, une pâle veilleuse
Éclairait de la mort l'œuvre silencieuse,
Et nous pleurions tous deux, penchés auprès de lui.
Dans la chambre voisine on entendit un bruit.

On fut voir. Marguerite habillait sa poupée;
Paul, l'âme tout entière à son œuvre occupée,
Cherchait à dégager un jonchet ciselé,
Figurant un guerrier au front échevelé.
C'est le jeu des jonchets qu'à tout autre il préfère....
« Ne faites point de bruit, mes enfants, dit leur mère,
Car le pauvre petit est malade à mourir.
— Mais, maman, le bon Dieu peut très bien le guérir, »
Dit Paul, et le guerrier à longue chevelure
Sauta légèrement, lancé d'une main sûre.

La vie est faite ainsi, froide en sa cruauté :
Des jonchets, et la Mort dans la chambre à côté!
L'impassible Destin se présente à son heure,
Frappe l'enfant qui joue ou le vieillard qui pleure,
Sous son talon de fer écrase fruits ou fleurs
Sans pitié pour les jeux, sans égard pour les pleurs.

IV
Moderato
CHANT
Moderato
PIANO
p
mf
A tempo
poco rit.
Où donc est ta bon-

mf
-té, di - vi - ne Pro - vi - dence, Et qui peut de - vant
mf

Poco più lento
cre -
toi tomber à deux ge - noux, Lorsqu'on voit un en - fant,
Poco più lento
cre -

- scen - - do
f
beau comme l'espé - rance, O - bli - gé pour mou - rir de souf -
- scen - - do
f

p
-frir plus que nous? Quand au - près de son lit sa
p

p
ad lib
mè_re te sup_pli_e D'a_bré_ger ses dou_leurs
suivez le chant
ou de les as_sou_pir, Et me_su_re sept jours et sept
f
string
nuits d'a_go_ni_e De son der_nier bai_ser à son der_
f
string
rit.
A tempo
subito p
_nier. sou_pir? S'il faut au_tour de toi, pour chan_
rit.
A tempo
subito p

mf
_ter tes lou _ au_ges De pe _ tits ché_ru _ bins ro_ses et gra _ ci _
mf
Poco più lento
cre . . scen . .
_ceux. S'il te faut des en _ fants pour re _ cru _ ter tes
Poco più lento
cre . . scen .
do
f
an _ ges, Que ne viens - tu les prendre___ et les por _ ter aux cieux?
do
f
mf
A tempo
p

V

J'ai pris les deux enfants qui nous restent encor,
Et je les ai conduits dans la chambre du mort.
Devant ces yeux éteints, cette bouche glacée,
Cette immobilité du corps sans la pensée,
Le plus jeune des deux comprit qu'un tel sommeil.
C'était l'éternité muette et sans réveil.
Alors, en sanglotant, se jetant vers sa mère,
Il ne sut que crier : « Je veux mon petit frère,
Je le veux ! »

Vers le soir, on apporta des fleurs,
De pâles fleurs d'orange aux suaves senteurs,

On en mit un bouquet dans sa main froide et blanche ;
Bientôt son petit lit se couvrit de pervenche,
De couronnes de buis, de myrte, de jasmin;
Et quand les deux enfants furent, le lendemain,
D'eux-mêmes visiter la couche funéraire,
Ils revinrent disant que l'heureux petit frère,
Avec ses fleurs d'orange et sa robe de lin,
Partait pour une fête en un pays lointain.

VI
Lento
CHANT
Lento
PIANO
p
p
Lors_que le ciel est gris, je pense au ci_me_

_fiè _ re, A _ ce tertre _ en_cor nu, du pas_sant
mf
f
pié_ti_né;
Cantabile
f
subito p
Più lento
Je le vois im_mo _ bile, é _ ten_
Più lento
poco rit.
p
bien soutenu
A tempo
_du dans sa biè _ _re, Pâ _ le, joignant les mains, joi_

espressivo
gnant les mains sur un bouquet fa - né.
Lors que le ciel est bleu, je le vois qui se
lè - ve, Ou - vrant sur l'u - ni - vers ses deux grands
yeux charmés....
Cantabile
subito p

Più lento
p bien soutenu cres - cen -
Sei - gneur, ces yeux vi -
Più lento
poco riten.
bien soutenu cres - cen -
p
- do
- vants, n'est - ce donc plus qu'un rê - - ve?
- do
Est - ce bien pour tou - jours, est - ce bien pour tou -
f
f
- jours que tu les as fer - més?
p

VII

« Papa, le petit frère est-il bien malheureux ? »
Disait Paul aujourd'hui. — Paul a cinq ans à peine :
Il n'a pas oublié son cadet, cet Eugène,
Qu'il aimait tendrement et qui manque à ses jeux.

Je lui dis que son frère était un petit ange,
Qu'il avait pour amis tous les anges du ciel,
Qu'il était beau comme eux et comme eux immortel,
Ayant son rang marqué dans leur sainte phalange.

Lors, tournant vers sa mère un regard triste et doux,
Il la vit essuyer une larme en silence;
Il se pencha vers elle et lui dit : « Moi, je pense
Qu'il est bien malheureux, puisqu'il est loin de nous ! »

VIII

LA TOMBE

Nous sommes tous allés ensemble au cimetière,
Afin d'y déposer quelques fleurs et du lierre
Cueilli par les enfants hier dans la forêt,
La tombe est si petite, hélas! qu'on ne saurait,
Entre les œilletons qui forment la bordure,
Y planter rien de plus qu'une miniature
D'arbuste, de rosier, peut-être de cyprès.
Nous vîmes des rosiers tout petits, faits exprès
Pour les tombes d'enfants, dans la serre voisine.
Les uns avaient la fleur légère et purpurine,
Une fleur d'églantier comme on en voit aux champs;
D'autres l'avaient plus forte, et leurs rameaux penchants
Fléchissaient sous le poids des corolles naissantes,
Dans un calice vert à peine rougissantes;

Ailleurs, de frais boutons commençaient à blanchir...
J'allais de l'un à l'autre, hésitant à choisir,
Quand ma femme dit : « Non, je ne veux point de roses,
Point de ces fleurs d'un jour, mortes sitôt écloses,
De feuillage caduc, qui tombe après six mois...
Je veux un sapin vert, un vrai sapin des bois,
Petit, mais gracieux, riche et de jeune sève,
Afin qu'en son sommeil, s'il lui venait un rêve,
Il ait à tout moment, en hiver, en été,
Son arbre de Noël sur sa tombe planté. »

Un sapin, des œillets : voilà tout, sauf la pierre
Où ceux que le hasard amène au cimetière
Pourront, avec son nom, lire d'un œil distrait
Deux dates, rien de plus. Sa mère désirait
Qu'on y gravât encor quelques mots d'espérance.
A mon tour, j'ai dit non. Plus grand est le silence.
Deux dates, c'est assez. J'ai permis toutefois
Que sur le monument une petite croix
Entretînt les passants de la foi de sa mère,
Et de l'espoir confus qui reste au cœur du père.

IX

PÉNITENCE

Il avait des enfants la grâce insinuante ;
Il en avait la fougue et les emportements,
L'ardente volonté, tenace et violente...
Les enfants sont ainsi, terribles et charmants.

Hélas ! on l'aimait trop, on le gâtait peut-être.
Nous voulions cependant qu'il devînt homme un jour ;
Nous savions qu'à l'enfance il faut la main d'un maître,
Et que la discipline est fille de l'amour.

Donc on le punissait. Dans ma chambre d'étude,
A gauche, vers l'armoire, il est un angle obscur
Où de la pénitence il apprit l'attitude,
A genoux et pleurant, blotti contre le mur.

Il restait immobile et sans tourner la tête ;
Sur son blanc tablier les pleurs coulaient à flots,
Et dans son cœur d'enfant grondait une tempête
De repentirs confus et de profonds sanglots.

Il était là, perdu, se croyant seul au monde,
Ne pouvant soupçonner que sa mère, à deux pas,
Ne quittait pas des yeux sa chevelure blonde.
« Comme il est donc joli ! » disait-elle tout bas.

Puis, prenant un air grave, un air de circonstance,
Elle me l'amenait, car le père est toujours
Le juge réservé pour les cas d'importance,
Le triste sermonneur fécond en longs discours.

J'essayais de gronder, calculant mes paroles
Pour lui faire sentir tout le prix du pardon ;
Mais il tendait ses bras vers mes hautes épaules,
Et m'offrait ses baisers avec tant d'abandon

Que le courage aussi me manquait pour attendre,
Et que, sur mes genoux le soulevant soudain,
A mon cou paternel il pouvait se suspendre
Dans un embrassement qui n'avait pas de fin.

O céleste candeur ! enfantines alarmes !
Combien j'en ai reçu de ces baisers de paix
Venant tout droit du cœur, tout arrosés de larmes,
De ces jeunes baisers qui ne trompent jamais !

Ils ne sont pas perdus ; je les sens sur ma joue,
Frais comme au jour funeste où tu nous as quittés.
De nos affections en vain la mort se joue,
Il reste une fortune aux plus déshérités :

Le tendre souvenir, frère de l'espérance,
Héritage sacré, cher et dernier trésor....
Enfant, petit enfant, ne crains rien de l'absence ;
Tu restes sur mon cœur et je t'y serre encor !

X

LA VEUVE

On dit qu'en Allemagne une femme vivait,
Veuve depuis longtemps, mais heureuse. Elle avait
Sept enfants, sept garçons, sa joie et sa richesse.
Ils travaillaient pour elle et soignaient sa vieillesse.
Ils étaient grands et forts et se suivaient de près.
Le cadet — de son père il avait tous les traits —
Venait d'avoir vingt ans, l'aîné trente. La guerre,
Comme on sait, éclata, foudroyante. Et la mère
Vit au son du tambour ses enfants emmenés,
Les plus jeunes d'abord, ensuite les aînés.
Quand le dernier partit, on crut qu'elle était folle ;
C'était une douleur muette et sans parole,
Avec des yeux hagards, cherchant à l'horizon.
Déjà deux de ses fils dormaient sous le gazon,
Dans la fosse commune ensevelis sur place,
Avec un peuple entier, près de Wœrth, en Alsace.
Plus tard, à l'ambulance, un troisième mourut.
Quand parmi les voisins la nouvelle en courut,
On n'osa pas d'abord en informer la mère.

C'était le Benjamin, le portrait de son père.
Hélas ! on y gagna qu'elle apprit en un jour
La mort de trois enfants moissonnés tour à tour,
Les deux derniers frappés sur les bords de la Loire,
En quelque lieu perdu, dans des combats sans gloire.

Le sixième, artilleur, était devant Paris;
Par un éclat d'obus il eut les pieds meurtris;
Le médecin riait en pansant la blessure :
« Ce n'est rien, disait-il, c'est une égratignure. »
La gangrène s'y mit. Il mourut. Le hasard
Voulut qu'à Pontarlier le septième prit part
Au dernier des combats de cette guerre inique.
Ce fut moins un combat qu'un salut ironique
Des traînards éclopés du général Clinchant.
Qui passaient la frontière et tiraient en marchant.
Ils tiraient mal. La brume emplissait les clairières;
Les balles se perdaient parmi les sapinières.
Soudain, plus près du but, une balle siffla,
Et, le long du coteau, le septième roula.

En entendant conter cette lugubre histoire
Les assistants disaient : « Qu'est-ce donc que la gloire,
Cruelle vanité qu'on paie à trop haut prix ? »
Et moi, songeant au fils que Dieu nous a repris,
Il me vint un désir étrange et formidable,
Celui de calculer le deuil incalculable
D'une mère soudain veuve de sept enfants.
Multiplier sept fois les sanglots étouffants
Et les pleurs pour un seul dévorés en silence !
Sept fois au fond du cœur creuser ce vide immense !
Le mesurer sept fois !... Non, le regard humain
Dans le gouffre insondé s'arrête à mi-chemin
Et si le Dieu qu'on prie en disant : « Notre Père, »
Regarde un seul instant saigner ce cœur de mère,
S'il peut se figurer ce qu'elle a dû souffrir,
S'il eut jamais un fils et qu'il l'ait vu mourir,
A moins d'être un tyran à l'âme froide et basse,
Il doit, dans l'infini, pâle et voilant sa face,
Parmi les séraphins qui lui disent : « Seigneur ! »
Trembler comme un coupable et reculer d'horreur.

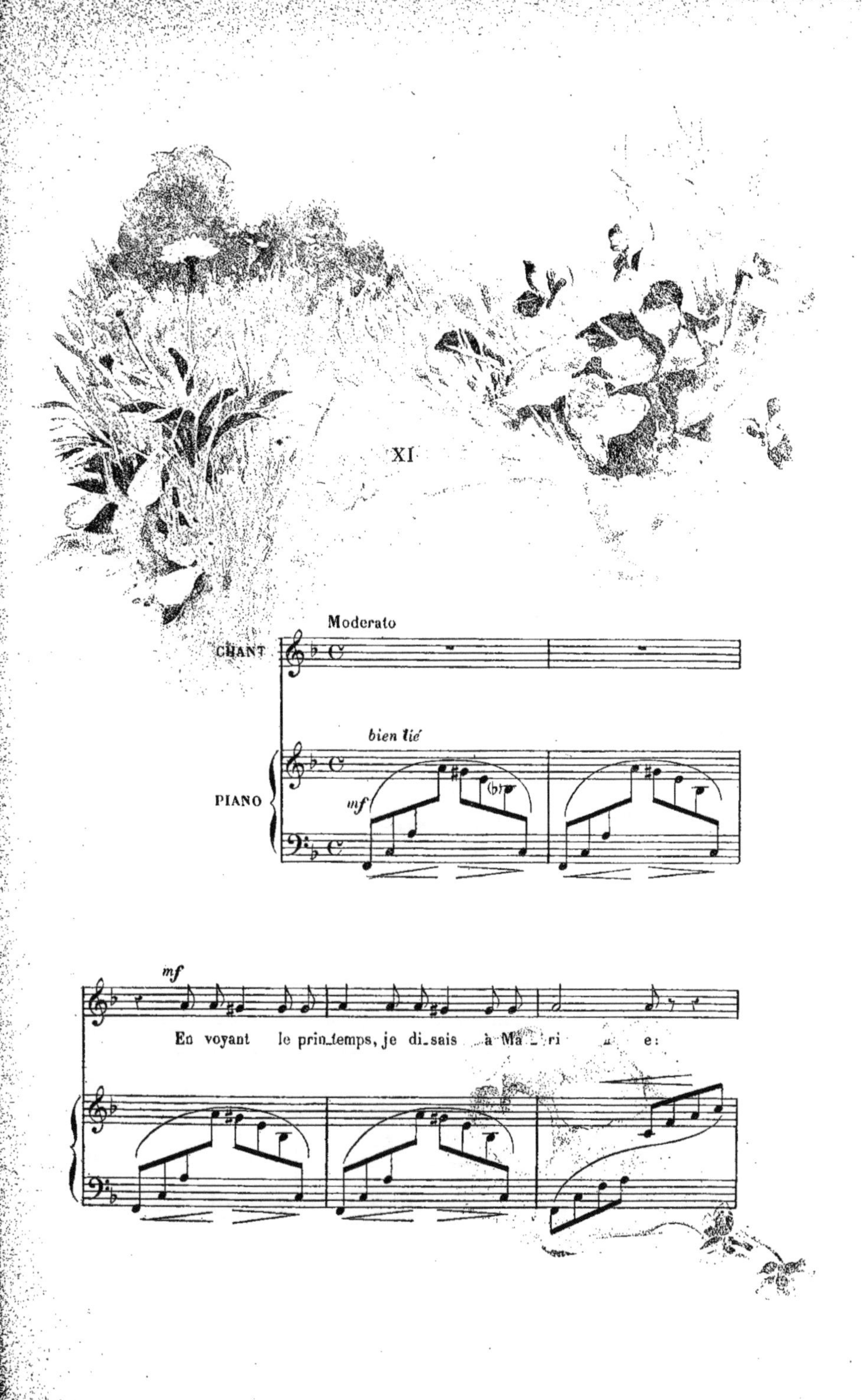
XI
Moderato
CHANT
bien lié
PIANO
mf
mf
En voyant le prin_temps, je di_sais à Ma_ri e:

f
mf poco accel.
«Fem_me, n'irons-nous pas cueillir les fleurs des prés? L'ai_mable vi_o_lette, a_
f
mf poco accel.
cre_ scen_ do rit
_mour de la prairie, Ou bien la margue_rite aux ray_ons empour_
cre_ scen_ do rit.
A tempo
_prés?»
Aux premiers jours d'é_té, je di_sais à Ma_
A tempo
mf
mf
_ri_ e: «Fem_me, les fleurs des monts, les i_rons-nous cueil_
mf

f
-lir? - I-rons-nous dé - ro - ber à sa
mf
dim-
hau - te pa - tri - e Le ro-sage in - car -
mf
dimi -
- - nu - en do p
-nat, dé-jà prêt à fleu - rir?»
- nu -
- en - do
p
p
Mais el - - le:
rit

Un peu plus lent
A tempo
p
«Va cueillir, où tu voudras, n'impor_te; Au_près de ce berceau, moi, je
A tempo
p
espressivo
reste à pleu_rer. C'est là qu'é_tait ma fleur et c'est là qu'elle est
espressivo
rit.
Quasi recit
mf
mor_te. A_vec mes souve_nirs lais_se_moi de_meu_
mf
f suivez le chant
_rer.»
8
p

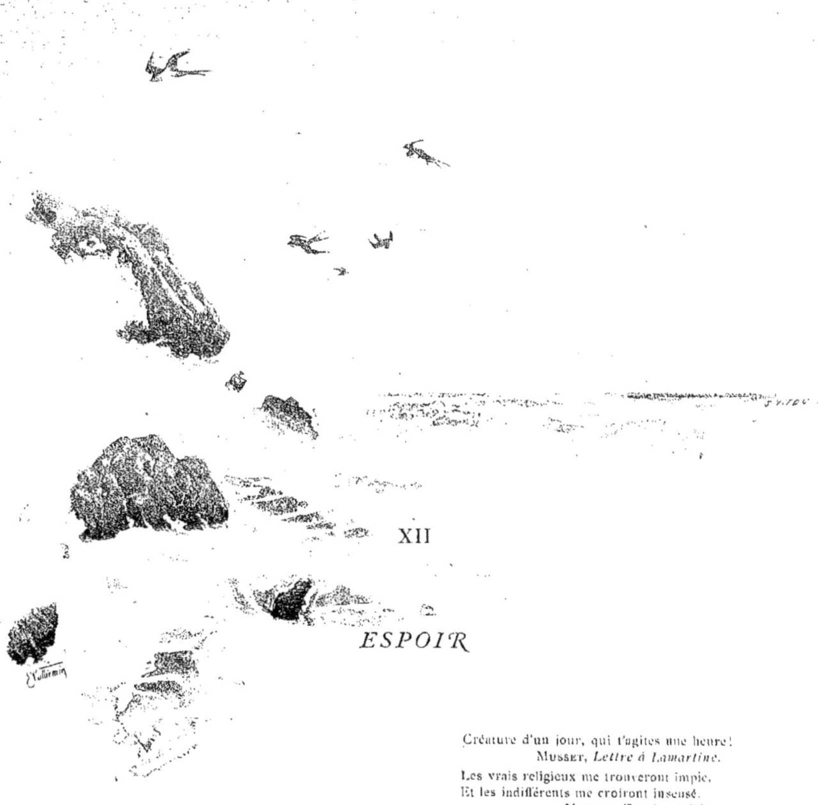

XII

ESPOIR

> Créature d'un jour, qui t'agites une heure!
> MUSSET, *Lettre à Lamartine.*
>
> Les vrais religieux me trouveront impie,
> Et les indifférents me croiront insensé.
> MUSSET, *Espoir en Dieu.*

Philosophes d'un jour, qui divaguez une heure !...
— Je crois que c'est Musset qui les accoste ainsi ;
N'importe, s'il l'a fait, je puis le faire aussi;
Riche ou pauvre, humble ou grand, quand l'homme souffre et pleure,
Il n'a pas deux façons d'aborder son prochain. —
Philosophes d'un jour, raisonneurs éphémères,
Vous pouvez doctement réfuter les chimères
Dont la religion berça le genre humain ;
Comme des javelots lançant vos syllogismes,
Vous pouvez du passé railler les visions,
Déchirer le bandeau de nos illusions ;
Vous pouvez de la foi dissiper les sophismes ;

Vous ne pourrez jamais faire qu'un père en deuil
Dans le fond de son cœur renonce à l'espérance
Et dise : « C'est fini, la foi n'est qu'ignorance ;
Rien n'est vrai que la mort et les vers du cercueil. »

Hélas ! vous qui niez, votre histoire est la mienne.
Il ne m'a pas suffi de croire et d'adorer ;
J'ai voulu m'enquérir moi-même et comparer ;
J'ai cherché la raison de cette foi chrétienne
Qui se sent défaillir et qui le nie en vain ;
J'ai lu Blaise Pascal et l'ai trouvé tragique,
Fénelon gracieux, Bossuet magnifique,
L'Apocalypse étrange et Socrate divin ;
Mais, dans tous les discours dont l'espérance humaine
A serré la logique et s'est fait un rempart,
Je n'ai su, comme vous, rencontrer nulle part
De la vie à venir une preuve certaine.

Pourtant j'y crois encor ; j'y crois moins par raison
Que par besoin d'aimer, d'espérer et de vivre.
C'est un instinct du cœur auquel le cœur se livre ;
C'est l'âme qui s'agite et songe en sa prison.
On dit qu'en son sommeil la triste chrysalide
A le pressentiment de son destin futur,
Que d'un ciel sans nuage elle rêve l'azur,
Et, jeune papillon glissant d'un vol rapide,
Voit sourire les fleurs dans les gazons naissants.
L'âme est la chrysalide. Illustre prisonnière,
De son manteau léger secouant la poussière,
Brisant de son cachot les barreaux impuissants,
Elle se laisse aller à l'essor de son aile
Et dans l'éternité va rejoindre ses sœurs.
Est-ce dégoût du monde et des plaisirs trompeurs ?
Est-ce un pressentiment qui se fait jour en elle ?
Dieu le sait. Nous aussi, nous le saurons bientôt ;
Mais nous savons déjà que ce rêve est sa vie,
Et que, pour l'idéal dont elle est poursuivie
Le ciel, le vaste ciel, est à peine assez haut.

Pourquoi l'en détourner, vous, les penseurs austères,
De la vérité nue intrépides amants ?
De vos dogmes nouveaux les tristes fondements
Sont-ils plus assurés, ont-ils moins de mystères ?
Qui vous a révélé le secret de demain ?
Avez-vous du néant franchi les solitudes,
Et vu des trépassés les sourdes multitudes
Muettes devant Dieu qui les appelle en vain ?
Non, vous n'avez rien vu, car l'abîme est immense.
Jamais regard humain n'en atteignit le fond,
L'esprit, à le sonder, se trouble et se confond,
Et tout votre savoir n'est qu'une autre ignorance,
Plus fine, plus brillante et qui se connaît mieux.
Laissez-vous donc séduire à cet espoir sublime...
A qui ne peut savoir l'espoir est-il un crime ?...
Avec nous vers le ciel osez lever les yeux.

Le ciel ! Un bon vieux mot créé pour les profanes !
Le ciel à nos regards n'est plus qu'un livre ouvert.
Le télescope est là : le ciel est le désert
Où des globes errants flottent les caravanes.
Aujourd'hui la science en sait tous les chemins.
Des astres voyageurs voici le catalogue :
L'adorable Vénus n'est qu'un monde analogue
A la pauvre planète où vivent les humains.
On sait comment est né l'anneau du vieux Saturne,
Et sans qu'elle ait besoin d'en appeler à Dieu,
L'optique vous dira pourquoi l'éther est bleu.
Où donc est du Destin le palais taciturne ?
Où du jeune Apollon le char aérien ?
Où sont de Jéhova les fameux tabernacles ?
Dans le ciel dépeuplé Dieu ne rend plus d'oracles :
Le ciel n'est que l'espace et l'espace n'est rien.

— Savants, de votre ciel fouillez les territoires;
Celui dont nous parlons est plus près ou plus loin,
Et, pour le découvrir, nous n'avons pas besoin
Des verres grossissants de vos observatoires.

Il suffit que sur soi l'âme se repliant
Écoute murmurer les voix intérieures,
Et dans l'éternité laisse glisser les heures
Comme sur les tombeaux un feu follet fuyant.
Alors un bruit lointain monte dans le silence.
Ce sont des souvenirs les échos endormis;
C'est le peuple des morts, nos frères, nos amis,
La mère qui berça notre joyeuse enfance,
La vierge de quinze ans, notre premier amour,
Comme aux jours d'autrefois baissant un front timide,
L'enfant dont, au foyer, la place reste vide,
Qui s'éveillent dans l'ombre et chantent tour à tour.

La vision parfois flotte comme un nuage;
Elle naît, se dissipe et renaît sous nos yeux;
Mais il est des moments où nous les voyons mieux,
Tous ces êtres chéris au pâle et doux visage,
Que lorsqu'ils nous disaient chaque soir : « A demain! »
Leur poitrine palpite et leur bouche respire;
C'est le même regard et le même sourire;
C'est la même façon de nous serrer la main,
Et le seul changement qui nous frappe, peut-être,
Est un front plus serein qu'on n'en voit ici-bas
Et des yeux rayonnants qui ne se troublent pas.
Alors, craignant déjà de le voir disparaître,
La mère entre ses bras serre son enfant mort;
Les frères et les sœurs vont appelant leur frère;
Le petit orphelin se suspend à son père,
Et l'époux dit tout bas : « Femme, je t'aime encor! »

Père du souvenir, Amour, c'est toi qui veilles
Au chevet de nos morts dans la nuit du tombeau;
C'est toi qui, sur leur front secouant ton flambeau,
De la vie éternelle enfantes les merveilles;
C'est toi qui, chez les Grecs, peuple chéri des dieux,
Des champs élyséens rêvas le doux mystère;
C'est toi qui, le premier, pour consoler la terre,
Osas joindre les mains en regardant les cieux;

C'est toi qui, dans la nuit, vis tressaillir l'aurore,
Toi qui vins essuyer les larmes de Rachel,
Toi qui d'un Dieu jaloux fis un Dieu paternel,
A nos illusions toi qui survis encore ;
Et quand l'humanité, vieille et toujours enfant,
Par la philosophie au néant fiancée,
Voit de graves docteurs, prêtres de la pensée,
A son hideux époux la conduire en chantant,
Au milieu du festin, quand l'orgie est complète,
Ainsi qu'à Babylone au temps de Balthazar,
Quand tous les conviés trébuchent au hasard,
C'est toi, c'est encor toi qui viens troubler la fête,
Et qui sur la muraille écris en traits de feu
Des mots qui font trembler la salle nuptiale,
Tandis qu'à deux genoux l'épouse froide et pâle,
Avec un cri d'horreur demande grâce à Dieu !

En vain contre l'amour dispute la science ;
Il aime, donc il croit et n'a rien à prouver.
Avec la poésie il se plait à rêver ;
Ainsi que la jeunesse, il a la confiance,
Et jamais argument ne le fit reculer.
Il n'a pas peur du vent qui gémit et qui passe ;
Son aile le soutient, et, si la branche casse,
Comme l'oiseau des bois il n'a qu'à s'envoler.
Il croit, et des martyrs les légions fidèles
Reviendraient lui prouver que Dieu n'existe pas,
Qu'on le verrait encor, seul et priant tout bas,
Sur les tombeaux déserts semer ses immortelles.
Espérer, espérer, c'est la loi de l'amour ;
Entre la mort et lui la guerre est acharnée,
Et notre courte vue, à quelques pas bornée,
Cherche lequel des deux doit l'emporter un jour.
Où l'amour a semé, vient la mort qui moissonne ;
C'est le drame éternel qui nous tient en suspens,
Qui toujours et partout se joue à nos dépens,
Et qui serait lugubre autant que monotone
Si les épis naissants aux sillons arrachés
De quelque autre moisson n'étaient pas la semence,
Si l'amour, pas à pas, la suivant en silence,
Ne repeuplait les champs que la mort a fauchés.

Hélas ! depuis Adam que de larmes amères !
Ce qu'on appelle histoire est un gémissement
Qui n'a pas plus de fin que de commencement.
Les cris des orphelins et les sanglots des mères,
Voilà ce qu'on entend quand on ose écouter ;
Voilà le fait certain, le seul fait qui défie
Tous les raffinements de la philosophie,
La seule vérité dont nul n'ait pu douter.
Quoi donc ? Ces pleurs sacrés, ces pleurs qui sont notre âme,
N'est-ce qu'une ironie et qu'un néant de plus ?
Prennent-ils le chemin des regrets superflus ?
Est-ce une goutte d'eau que l'océan réclame,
Qui du ruisseau prochain va suivre les détours,
Puis, avec l'eau du ciel que versent les nuages,
D'un fleuve limoneux grossir les flots sauvages
Et dans le sein des mers disparaître à toujours ?

Non, non, si la pitié n'est pas une chimère,
Un mot vide de sens créé par le hasard ;
Si la miséricorde existe quelque part,
Où que ce soit, n'importe, au ciel ou sur la terre,
Il faut que tant de pleurs ne coulent pas en vain ;
Pour réunir un jour ce que la mort sépare
Il leur faut le pouvoir que la sœur de Lazare
Attribuait jadis à son hôte divin ;
Il faut, si les faux dieux, chassés par la science,
En fuyant, effarés, laissent le ciel désert,
Si, du nom de Jésus, dont le culte se perd,
Il ne doit nous rester qu'un souvenir d'enfance,
Il faut que l'amour seul, fidèle à ses trésors,
A force de veiller, de pleurer et de croire,
Sur les vers du tombeau remporte la victoire
Et pour l'éternité ressuscite ses morts.

PARIS. — IMPRIMERIE P. MOUILLOT, 13, QUAI VOLTAIRE

www.ingramcontent.com/pod-product-compliance
Ingram Content Group UK Ltd.
Pitfield, Milton Keynes, MK11 3LW, UK
UKHW021004220726
13924UKWH00002B/889